Arnold Kludas

HAMBURG, WIE HAST DU DICH VERÄNDERT

Arnold Kludas

HAMBURG, WIE HAST DU DICH VERÄNDERT

Ein Spaziergang
in die nahe Vergangenheit
unserer Stadt

Mit 100 Fotos von
Walter Lüden

KABEL
Hamburger Abendblatt

Umschlag: Theodor Bayer-Eynck
Reproduktionen: OKA-Repro GmbH, Osnabrück
Gesamtherstellung: Clausen & Bosse, Leck
ISBN 3-8225-0173-5

3 5 7 9 10 8 4 6 4 2

Einleitung

Seit 1842, als Carl Ferdinand Stelzner seine berühmte Daguerreotypie von den Hamburger Brandruinen am Jungfernstieg aufnahm, haben Tausende von Berufsfotografen und Zigtausende von Amateuren das Bild der Hansestadt in Fotografien festgehalten. Gute 50 Jahre dauerte es dann, bis man Fotos in ausreichender Qualität zu drucken lernte, und wenig später konnte man die ersten Fotobildbände über Hamburg kaufen. Seither erschienen unzählige Werke dieser Art, ihre Zahl stieg von Jahrzehnt zu Jahrzehnt an, und seit längerer Zeit vergeht kaum ein Jahr, in dem nicht wenigstens ein neuer Hamburg-Bildband herauskommt. Diese Bücherflut würde natürlich niemals ihre Käufer finden, wenn darin immer wieder die gleichen Ansichten gezeigt würden. So sind die vielen Bildbände über Hamburg ein Indiz für den ständigen Wandel im Stadtbild der Hansestadt.

Der war nun allerdings stets beträchtlich und hatte die verschiedensten Ursachen. Da waren die großen Katastrophen, wie der Hamburger Brand von 1842 oder die Bombenangriffe während des Zweiten Weltkrieges, die gravierende Änderungen der Stadtlandschaft zur Folge hatten. Da führten wirtschaftliche Umstrukturierungen zum Abriß ganzer Stadtviertel, wie in den 80er Jahren des vorigen Jahrhunderts, als die Stadtteile Wandrahm und Kehrwieder – intakte Heimat für 25 000 Menschen – abgerissen wurden, um Platz für die Speicherstadt zu schaffen. Und da war, vom Abriß des Doms 1805 bis in die jüngste Vergangenheit, immer wieder ein achtloser Umgang mit bedeutsamen Baudenkmälern, der Alfred Lichtwark seine Vaterstadt »Freie und Abrißstadt« nennen ließ. Trotz aller dieser vielen Veränderungen behielt Hamburg seinen unverwechselbaren Charakter.

Beim Wiederaufbau der verwüsteten Stadt nach dem Zweiten Weltkrieg geriet diese Kontinuität allerdings in Gefahr, wofür an vielen Stellen der Stadt glas- und metallbewehrte Betonzeugen stehen. Zum Glück für Hamburg blieb solche Architektur die Ausnahme, und die wenigen ausgeführten Hochhäuser werden mittlerweile durchaus als Bereicherung der Stadtsilhouette angesehen. Im nachhinein muß man es als segensreich ansehen, daß in Hamburgs Innenstadt noch bis in die jüngste Vergangenheit hinein riesige ehemalige Trümmerflächen unbebaut blieben, auf denen die Bausünder der 60er und 70er Jahre kein Unheil anrichten konnten.

Als dann in den 80er Jahren der große Bauboom in der Innenstadt einsetzte, der heute – 1991 – noch in vollem Gange ist, hatten die Architekten zu einer neuen – menschlicher anmutenden und besser zu Hamburg passenden – Bauweise zurückgefunden. Und, o Wunder, es geschah sogar, daß häßlich-nüchterne Zweckbauten aus den 50er und 60er Jahren durch Klinkerfassaden zu wahren Zierstücken umgestaltet wurden.

In Hamburg tut sich also etwas, und deswegen liegt die Frage nahe, warum dieser Bildband sich nicht mit diesem Neuen beschäftigt, statt den Leser in die 50er Jahre zu entführen. Darauf gibt es eine, wie ich meine, einleuchtende Antwort. Wenn man heute durch Hamburgs Innenstadt geht, dann erlebt man wieder eine ästhetische Architekturlandschaft. Fast alle Baulücken sind geschlossen oder werden gegenwärtig bebaut. Zwischen Altvertrautem ist Neues zu sehen, und obwohl die Stadt mit ihren markanten Wahrzeichen über die Jahrzehnte scheinbar die gleiche geblieben ist, hat sich überall vieles geändert. Das ist auch jedermann bewußt, nur: Wie es noch vor wenigen Jahren ausgesehen hat, das ist kaum noch jemandem richtig in Erinnerung.

Nun gibt es ja zum Glück Fotografien, in denen die Entwicklung des Stadtbildes festgehalten ist. Diese Aufnahmen von gestern zeigen Stadtansichten, die den heute Lebenden jahrelang vertraut waren. Beim Anblick dieser Bilder denkt man spontan: Ja, das ist doch –, um sich im nächsten Moment zu korrigieren. Das auf den ersten Blick Erkannte sieht ja heute ganz anders aus. Hier fehlt ein Gebäude, jenes wurde umgebaut, dort steht heute etwas ganz anderes. Auf diese Weise angeregt, vertieft man sich in Einzelheiten, sieht z. B. Straßenbahnen oder andere Dinge, die noch gestern zum täglichen Anblick gehörten, die es aber heute nicht mehr gibt. Auch die Menschen auf den Bildern sind aus einer anderen Zeit, und man überlegt, warum man das sofort erkennt.

Wenn man diesen Gedanken folgt, dann steht dieser Band durchaus auch für die Gegenwart, indem er nämlich deutlich macht, welchen Weg die Menschen dieser Stadt zurückgelegt haben seit jenen Jahren, die in den folgenden Bildern dokumentiert sind. Da fast alle diese Fotos Anhaltspunkte enthalten, die es auch jüngeren Betrachtern erlauben, das Dargestellte topographisch zu lokalisieren, ist ein interessanter Vergleich mit dem gegenwärtigen Hamburg jederzeit möglich.

Selbstporträt zwischen musealen Requisiten – der Fotograf Walter Lüden bei der Arbeit, um 1955.

Walter Lüden in den 60er Jahren.

Walter Lüden, der Schöpfer dieser Bilder, ist einer der ganz großen Hamburg-Fotografen. 1914 in Hamburg-Horn geboren, ging er nach dem Besuch der Hindenburg-Oberrealschule in die Kaufmannslehre. Diesen Beruf übte er jedoch nie aus, sondern ging statt dessen zur Polizei und arbeitete anschließend nach dem Erwerb der See- und Luftfunkzeugnisse bei der Flugsicherung in Fuhlsbüttel. Es folgte im Zweiten Weltkrieg die Dienstzeit in der Wehrmacht, aus der er schließlich ins zerstörte Hamburg zurückkehrte.

Lüden, der als Vierzehnjähriger mit einer 6 × 9-Plattenboxkamera seine ersten Fotos geknipst und den danach das Fotografieren nie mehr losgelassen hatte, machte sich jetzt als Fotograf selbständig. Er begann mit Bildreportagen für die Presse, arbeitete an der Bestandsaufnahme der Zerstörungen in Hamburg mit und machte sich nach der Währungsreform, als die Wirt-

Solche Motive bot Hamburg dem Fotografen Walter Lüden in den ersten Nachkriegsjahren. Hier hat seine Kamera an der Großen Reichenstraße das berühmte »kleinste Haus Hamburgs« eingefangen, das vor dem Krieg geduckt und verborgen zwischen mehrstöckigen Wohn- und Geschäftshäusern beinahe verschwand. Jetzt dominiert es seinerseits die Umgebung, nachdem die Bomben das kleine Bauwerk ironischerweise verschont hatten.
Links: Walter Lüden im 70. Lebensjahr.

schaft langsam wieder in Gang kam, als Werbefotograf schnell einen guten Namen. Daneben war er weiter für die Presse tätig und lieferte Illustrationen an Buchverlage. Dabei beschränkte sich sein Wirken keineswegs auf Motive aus Industrie und Wirtschaft; bei Staatsempfängen war Walter Lüden mit seiner Kamera ebenso präsent wie bei Theaterproben oder Sportereignissen, er fotografierte in Kunstgalerien, in Ausstellungen und Museen. Wer im Hamburg der 50er Jahre Rang und Namen hatte oder als berühmter Gast die Stadt besuchte, ist von ihm auf Zelluloid gebannt worden.

Hamburger Politiker und ihre prominenten Gäste vor Walter Lüdens Kamera: Bürgermeister Max Brauer (oben links), sein Nachfolger im Amt Paul Nevermann (oben rechts) und Kurt Sieveking mit Kaiser Haile Selassie von Äthiopien im Hafen.

In typischer Haltung und mit dem Markenzeichen Zigarre eilt Bundespräsident Theodor Heuss in Begleitung von Max Brauer zu einer offiziellen Feier.

Bundeskanzler Konrad Adenauer zu Besuch in Hamburg. Links der Hamburger Politiker Erik Blumenfeld, rechts der Reeder Harald Schuldt.

Oben links: Bundespräsident Heinrich Lübke mit Rolf Stödter vom Verband deutscher Reeder (links) und Bürgermeister Max Brauer (rechts) auf den St. Pauli Landungsbrücken.
Oben rechts: Indiens Ministerpräsident Nehru mit Tochter Indira Gandhi im Rathaus.
Unten: Kaiserin Soraya beim Staatsbesuch des Schah von Persien in Hamburg.

Staatsbankett im Festsaal des Hamburger Rathauses.

Berühmte Künstler in Hamburg, durch Walter Lüdens Kamera gesehen:
Schauspielhaus-Intendant Gustaf Gründgens (oben links) verschaffte Hamburgs Staatsbühne Weltgeltung.
Der Dirigent Hans Schmidt-Isserstedt bei einem Mozartabend (oben rechts)
Mathias Wiemann (unten) spielte gern auf Hamburger Bühnen.

Am liebsten fotografierte Walter Lüden im Hafen, wo sich vor grandiosen Kulissen in stetigem Wechsel faszinierende Szenen aneinander reihten, von denen unser Fotograf zu allen Jahreszeiten eindrucksvolle Motive in aussagekräftigen Bildern festgehalten hat.

NAVICO IV
MILAN
Esso
Esso 26
Esso 26

STÜLCKENWERFT
USEN

Diese Fotos des Oderhafens (links oben), der einlaufenden Yacht SAVARONA vor der Stülckenwerft (links unten) oder der Hafenfahrzeuge auf dem Bild oben verraten einiges von dem Erfolgsrezept Walter Lüdens: zum richtigen Zeitpunkt die optimale Position einnehmen, den Bildaufbau komponieren, Hilfsmittel wie Teleobjektiv oder Filter einsetzen und schließlich in der richtigen Sekunde auf den Auslöser drücken.

Immer wieder finden sich in Walter Lüdens Archiv zwischen Stadtansichten, Hafenmotiven, Straßenszenen, Porträts und Pressefotos auch Bilder mit ausgesprochen lyrischer Ausstrahlung. So diese Aufnahme aus dem Park Planten un Blomen mit den Fontänen der Wasserorgel und dem damaligen Philips-Aussichtsturm.

Natürlich fand Walter Lüdens Arbeit ihren Niederschlag in vielen Publikationen. Seine Bilder erschienen in Werbebroschüren, Firmenschriften und Wirtschaftszeitschriften, wo sie ihm ein gutes Honorar brachten. Das galt auch für erste Bildbände, die nicht für den Verkauf im Buchhandel, sondern als Werbegeschenke mit Firmeneindruck hergestellt wurden. Einer breiteren Öffentlichkeit allerdings wurde der Fotograf auf solche Weise kaum bekannt. 1955 erschien dann bei Urbes unter dem Titel HAMBURG ein Fotoband mit Leica-Aufnahmen von Walter Lüden, und 1963 kam im Broschek-Verlag ein kleiner Bildband über den Hamburger Hafen heraus. Auch in der Reihe der Panorama-Bücher des Andermann Verlags erschien ein Band mit Farbaufnahmen von Walter Lüden. Diesen Büchern war eins gemeinsam: Sie sollten das »schöne« Hamburg vorstellen, das Flair der Weltstadt demonstrieren; mit ihnen sollte gezeigt werden, wie herrlich und intakt Hamburg damals schon wieder war, wie tüchtig man aufgebaut hatte. Das war legitim und verständlich, nur: Das richtige Hamburg blieb dabei auf der Strecke.

Aber dieses »richtige« Hamburg hatte Walter Lüden natürlich auch fotografiert, obwohl ihm viele dieser Bilder damals kaum Geld brachten. Als ich Walter Lüden 1973 kennenlernte, hatte er sein Fotogeschäft schon verkauft und wohnte in Wyk auf Föhr, wo er sich am Friesenmuseum engagiert hatte, Föhrer Seefahrtsgeschichte erforschte und nebenbei mit Antiquitäten handelte. Wir blieben in losem Kontakt, und vor zwei Jahren entdeckte ich bei einem Besuch in Wyk, welche Schätze an Hamburg-Fotos in zahllosen Kästen bei ihm schlummerten. Walter Lüden gab mir die Fotos mit, und als ich sie zu Hause begeistert sichtete und ordnete, entstand der Plan, aus den vielen tausend Bilddokumenten die eindrucksvollsten für dieses Buch auszuwählen und zusammenzustellen.

Fast alle Aufnahmen entstanden in den 50er Jahren, einige wenige etwas früher oder später. Aus der Fülle des Materials habe ich für die Zielsetzung dieser Veröffentlichung fast ausschließlich Stadtansichten und Straßenszenen ausgewählt, wobei zwangsläufig einige Facetten im Schaffen des Fotografen zu kurz kommen. Daß Walter Lüdens Œuvre viele weitere Themen umfaßt, habe ich schon erwähnt, und seine in diese Einleitung eingestreuten Fotos lassen das anklingen. Hier kam es mir darauf an, das Stadtbild zu zeigen, wie es sich in den 50er, 60er und auch noch in den 70er Jahren darbot und wie es sich faszinierenderweise über Jahrzehnte in unserem Gedächtnis konservierte. Viele der hier gezeigten Ansichten haben sich erst in den 80er Jahren gründlich gewandelt.

Machen wir uns also jetzt auf zu unserem Spaziergang in die nahe Vergangenheit unserer Stadt.

Hier sammelten Besucher ihre ersten Eindrücke von der Stadt Hamburg, und diese Bilder nahmen sie als letztes auf, wenn sie die Elbmetropole wieder verließen. Der Hauptbahnhof war damals, Anfang der 50er Jahre, Hauptdrehscheibe des großstädtischen und des Fernverkehrs, viel mehr als heute. Ein Auto besaßen nur wenige, das Flugzeug war noch längst kein Massenverkehrsmittel, und die großen Jahre der Passagierschiffahrt gehörten schon der Vergangenheit an.

FRANKFURTER
VERSICHERUNG
MÖNCKEBERGSTR. 5
HAMMONIA-HAUS

Der Bahnhofshalle sieht man die Kriegszerstörungen noch deutlich an, auf dem oberen Bild sind erste Arbeiten zur Wiederherstellung der Dachverglasung zu beobachten. Die LKWs und die wenigen Personenwagen sind durchweg Vorkriegsmodelle. Das gilt auch für die Straßenbahnen, die teilweise noch immer nicht den schon kurz vor dem Krieg eingeführten rot-gelben Farbanstrich tragen. Die Budenstadt im Vordergrund, an der Stelle des späteren Kepa-Kaufhauses, war ein betriebsamer und umsatzkräftiger Warenumschlagplatz.

So hart die Zeiten auch sein mochten: Auf korrekte Kleidung legten die hier durch die östliche Wandelhalle des Hauptbahnhofs flanierenden Hanseaten beiderlei Geschlechtes ausnahmslos besonderen Wert. Ein berühmtes Geldinstitut trug in jener Zeit vorübergehend einen anderen Namen, wie der Werbeschriftzug im Hintergrund zeigt.

Hier am Glockengießer Wall wollen wir unseren Streifzug durch das Hamburg der 50er Jahre beginnen. Vor der inzwischen wiederhergestellten Kulisse des Hauptbahnhofs lauter Vergangenes: Die »12« nach Bahrenfeld fährt nicht mehr, den Wanderer W 24 im Vordergrund, das hell-dunkel lakkierte Adler-Kabriolet oder den Kleinlaster Opel Blitz kann man nur noch im Museum antreffen, und die Arbeit des Schutzmanns – die Bezeichnung Bulle verwendete man damals noch ausschließlich für männliches Rindvieh – wird heute von einer komplizierten Ampelanlage erledigt.

12
Bahrenfeld
Volkspark
3097
HH
Persil

Die »6« nach Ohlsdorf, gelber Zugwagen mit rot-weißen Anhängern, biegt hier in Höhe des Georgs-Platzes vom Glockengießer Wall in die Ernst-Merck-Straße ein.

Auf der Kirchenallee teilen sich Straßenbahnen, Busse und sorglose Fußgänger die Fahrbahn. Autos fahren kaum herum, sie haben alle einen Parkplatz gefunden; sogar direkt vor dem Hauptbahnhof, links oben, sind noch Plätze frei.

Links: Die Altmannbrücke, eine der Hauptzufahrten in die Innenstadt, drohte unter dem wachsenden Autoverkehr buchstäblich zusammenzubrechen und mußte völlig erneuert werden. Auf den Geleisen sind Dampfloks ein alltäglicher Anblick, der Vorortszug nach Bergedorf, unten im Bild, besteht noch aus den alten Waggons mit Einzelabteilen. Hinter der Brücke die Hochhäuser des Cityhofs, die sich bis heute nicht so recht mit der jenseits des Johanniswalls dominierenden Backsteinarchitektur vertragen.

Oben: In den 50er Jahren begann man von der »rush hour« zu reden, die allerdings auf diesem Bild weniger von Autos als von Fußgängern und Straßenbahnen geprägt wird.

Zu allen Zeiten war die Mönckebergstraße eine der Schlagadern Hamburgs. Kriegsschäden sind nur noch im Bereich der Dachgeschosse zu erkennen. Vertraute Firmennamen grüßen neben längst vergessenen von den Fassaden.

PEEK & CLOPPENBURG
P&C
KARSTADT
3070
Persil
ERSATZTEIL DIENST
RAFFAY & CO.

Links: Ernsthafte Verkehrsprobleme gibt es in der Mönckebergstraße offenbar allenfalls für Fußgänger. Das seither mehrere Male umgebaute Karstadt-Gebäude präsentiert sich hier in seiner ersten Form nach Beseitigung der Kriegsschäden.

Oben: Der gleiche Blick wie auf dem vorigen Bild an einem Spätnachmittag in der Vorweihnachtszeit.

Demonstrationen und Kundgebungen waren im damaligen Hamburg noch durchweg friedliche Veranstaltungen.

Das Fehlen des Jakobi-Kirchturms, dessen Backsteinstumpf links hinter der Petrikirche sichtbar ist, läßt diesen Blick vom Rathausturm in die Mönckebergstraße seltsam fremd erscheinen. Am rechten Bildrand ist vor dem Pressehaus noch das Anfang der 60er Jahre abgerissene Ostasienhaus zu sehen.

1961 war Hamburgs Silhouette wieder komplett, nachdem auch die Jakobikirche einen kupfernen Turmhelm – hier noch ohne Patina – bekommen hatte. Diese Teleaufnahme vom Turm des Michels rafft das Stadtbild vom Rödingsmarkt bis zum Polizeihochhaus am Berliner Tor zu einem imposanten Überblick zusammen.

Der Rathausmarkt war jahrzehntelang mehr freie Fläche als gestalteter Platz. Die Taxiflotte zwischen den beiden Kiosken weist eine erstaunliche Vielfalt von Automarken auf, in der der gute Stern die Minderheit bildet.

Die enge Poststraße – wie viele Hamburger Straßen noch mit Kopfsteinpflaster – war schon damals Teil eines Einbahnstraßensystems. In dem ehemaligen Postgebäude residierte das Weltwirtschafts-Institut.

Hinterhof in der Poststraße mit einem abschreckenden Beispiel für den Bau einfacher und billiger Wohnungen im schnell wachsenden Hamburg des vorigen Jahrhunderts.

Eine städtische Idylle, die aber trotz allen Reizes kaum Sehnsucht nach vergangenen Zeiten aufkommen läßt.

Das Bleichenfleet mit dem alten Kraftwerk bei der Stadtwassermühle. Für das damals zweifellos nicht sonderlich attraktive Fleet gab es in den 60er Jahren ernsthafte Pläne, es zugunsten von Parkraum zuzuschütten.

Unverkennbar die Großen Bleichen. Ohne den Michel würde diese Ortsbestimmung aber wohl kaum so spontan möglich sein.

Noch einmal die Großen Bleichen. Die zahllosen Baulücken durch die Bombenzerstörungen ließen große und kahle Brandmauern sichtbar werden, deren Wert als Werbeflächen sehr schnell genutzt wurde. Die Baubehörde unterstützte aus Gründen der Stadtbildverschönerung diese Wandmalereien.

Diesen ungehinderten Blick auf das Kaufmannshaus an der Ecke Bleichenbrücke – Große Bleichen hatte man nur in den ersten Nachkriegsjahren. Auf den rechts im Bild sichtbaren Parkplatz baute man bald Hamburgs erstes Parkhaus, dessen schmucklose Fassade kürzlich einem attraktiven Passagenneubau eingegliedert wurde. Der Porsche und der DKW im Vordergrund tragen noch die von den Besatzungsmächten nach dem Krieg angeordneten Nummernschilder, BH stand für Britische Zone, Hamburg. Erst Ende der 50er Jahre gab es wieder das traditionelle HH.

DAMEN FRISEUR HERREN
HÜTE
ANKER-WERKE AG
RESTAURANT KAUFMANNSHAUS
BÄCKEREI KONDITOREI
BÄCKEREI KONDITOREI
TABAK Toto
ZIGARETTEN
BH 52-3257

Nur wenige Schritte vom Kaufmannshaus entfernt bot sich an der Kaiser-Wilhelm-Straße dieser Anblick. Über die Baustelle, gegenüber dem Axel-Springer-Haus, hinweg geht der Blick auf die als Werbeflächen genutzten Brandmauern der Häuser im unzerstörten Westteil der Wexstraße. Diese verläuft zwischen den Werbeflächen Richter und Dannmeyer hinter dem Bauzaun nach links bis zur Einmündung auf den jetzigen Axel-Springer-Platz.

Nur wenige Schritte rechts vom Hintergrund des vorigen Bildes entfernt steht am Rademachergang dieses Denkmal des Hamburger Originals Hummel.

In den südlichen Hinterhöfen der Peterstraße liegt zur Neanderstraße hin noch heute das Beyling-Stift, ein Wohnheim für alte Menschen. Die jahrhundertealten Häuser waren in den 50er Jahren noch bewohnt; das Foto zeigt allerdings schon beginnende Verfallserscheinungen. Tatsächlich mußten die Häuser des Stifts in den 60er Jahren wegen Baufälligkeit geräumt werden. Daß Peterstraße und Beyling-Stift vorbildlich restauriert wurden und heute ein städtebauliches Kleinod darstellen, ist Alfred Toepfer zu danken, einem jener Mäzene, die es zum Glück in Hamburg stets gegeben hat.

Der besser erhaltene westliche Trakt des Beyling-Stifts.

Zu den berühmtesten der wenigen erhaltenen Andenken an althamburgische Wohnungsbauweise gehören die Kramer Amtswohnungen am Krayenkamp, unterhalb des Michels. Den Bomben nur um Haaresbreite entgangen, wie das Bild links zeigt, wurde dieses Kulturdenkmal bis 1961 vorbildlich restauriert.

Das Eckhaus Peterstraße / Hütten beherbergte bis in die 60er Jahre die gemütliche Kneipe »Zur Hütte«. Damals gehörte auch die Schott'sche Karre noch zum täglichen Anblick in Hamburgs Straßen, die fast allen Gewerbezweigen als universelles Transportfahrzeug diente.

Das östliche Stück der Ditmar-Koel-Straße vor dem Schaarmarkt. Außer dem Michel stammen nur noch die wenigen links im Hintergrund erkennbaren Gebäude aus der Vorkriegszeit, darunter die ehemalige Schule an der Böhmkenstraße mit dem Barockgiebel. Das bis zur Zerstörung sehr eng besiedelte Gebiet erhielt in den 50er Jahren eine eher lockere Bebauung. In der Bildmitte die Wohnblocks mit flachen Ladenzeilen am Venusberg, im Vordergrund rechts die dänische Seemannskirche, neben der man 1958 die norwegische Seemannskirche errichtete. Inzwischen ist auf den damals noch freien Flächen zwischen den Neubauten eine dichte Vegetation aus Bäumen und Sträuchern aufgewachsen. Die Tankstelle ganz unten rechts wurde 1989 abgerissen.

Bruno Burmester
Klempnerei
GAS- u. WASSERINSTALLATION

Links: Auf dem Weg zurück in die nördliche Neustadt kommen wir durch den Bäckerbreitergang. Seine Fachwerkhäuser sind noch heute erhalten, während die übrigen Gebäude im Zuge der langsamen Neugestaltung dieses Viertels der Abrißbirne zum Opfer fielen.

Oben: Der Bäckerbreitergang mündet in den Valentinskamp, auf dem hier ein Bierkutscher sein schweres Fuhrwerk in Richtung Karl-Muck-Platz lenkt.

Links: In den Hohen Bleichen, noch heute ein Mittelpunkt des Antiquitätenhandels in Hamburg, treffen wir diesen Vertreter eines zumindest in dieser Form heute nicht mehr ausgeübten Gewerbes, einen Scherenschleifer.

Rechts: Die Aufschrift Stadtbäckerei ist wohl für den heutigen Betrachter der einzige Anhaltspunkt zur Lokalisierung dieses um 1950 entstandenen Fotos. Es zeigt die Nordseite eines der in den vergangenen 40 Jahren am meisten umgestalteten Plätze Hamburgs, des Gänsemarkts. An die Stadtbäckerei schließen sich die Drogerie Berta und, jenseits der damals noch zum Gänsemarkt geöffneten Straße Kalkhof, das in den oberen Stockwerken noch nicht wieder nutzbare schmale Haus an. Das Globe-Kino ist fest in der Hand eines amerikanischen Verleihs, und rechts neben dem Delikatessengeschäft Melfsen residiert die Commerzbank unter dem Interimsnamen Hansa-Bank in einem ganz und gar nicht standesgemäßen Gebäude.

STADT-
BÄCKEREI
IN HAMBURG-WIE ÜBERALL
J.ARTHUR RANK
ZEIGT: FILME
DIE SIE SEHEN WOLLEN
DIE ROTEN SCHUHE
WATERLOO-THEATER
GLOBE
GLOBE
GLOBE
Berta
DROGERIE
Melfsen
HANSA-BANK

Wenig später sind die grauen Provisorien dem intakten Eindruck geordneter Verhältnisse gewichen. Die Kriegsschäden an den Gebäuden von Finanzbehörde und Deutschlandhaus im Hintergrund sind beseitigt, auf dem Platz selbst fehlt aber noch das durch Bomben beschädigte Denkmal Gotthold Ephraim Lessings.

NAAFI
Graetz
RADIO
STADTBÄCKEREI
GLOBE CINEMA
RADIO

Ein Blick in die entgegengesetzte Richtung zum Jungfernstieg. An die Stelle der auf Bild 30 gezeigten Gebäude ist zwischen Kalkhof und Büschstraße der UFA-Palast getreten, mit einer Architektur, die so wenig zum Gänsemarkt paßte, daß man sie Ende der 80er Jahre durch eine Fassade im Stil des Stadtbäckereihauses ersetzte. In der Mitte des Bildes, jenseits der Büschstraße, steht noch das Delikatessenrestaurant Ehmke, und hinter dem wiederaufgestellten Lessing informierte die Geschäftsstelle des Hamburger Abendblatts die Passanten Tag für Tag über das Wetter. Unübersehbar auch die beherzigenswerte Botschaft des Verlegers der großen Hamburger Zeitung: Seid nett zueinander.

Auch dieses Foto kann einem heutigen Betrachter Orientierungsschwierigkeiten bereiten. Dabei zeigt es einen ganz vertrauten Straßenzug, nämlich die Dammtorstraße, von der Ecke Gänsemarkt in Richtung Stephansplatz aufgenommen. Links ist die Einmündung der Drehbahn zu erkennen mit einem kleinen Zipfel des Deutschlandhauses. Das zweisitzige DKW-Kabrio aus den 30er Jahren ist einziger PKW auf dieser heute überlasteten Hauptverkehrsstraße.

Die Dammtorstraße in umgekehrter Blickrichtung. LKWs mit Anhängern, über 6 t schweren Lastwagen sowie Pferdefuhrwerken ist inzwischen die Einfahrt per Verbotsschild untersagt.

Daß Pferdefuhrwerke in den 50er Jahren noch keineswegs aus dem Stadtverkehr verschwunden waren, belegt dieses Foto, an der Einmündung des Gorch-Fock-Walls in den Stephansplatz aufgenommen.

»Stilleben« mit Opel P 4 und Dame an der Esplanade.

Rechts oben auf dem in die Binnenalster ragenden Landstück, wo wir eben das stimmungsvolle Gegenlichtmotiv betrachteten, steht noch die »umgekippte Kommode«, wie man das Gebäude wegen seiner Türmchen nannte. Die beiden Jungfernstiege bieten einen vertrauten Anblick. Alsterdampfer im Liniendienst laufen den schöngeschwungenen, palmenverzierten Anleger zwischen Alsterpavillon und dem grazilen runden Verkehrspavillon der Hamburg-Amerika Linie an. Die große Flotte beladener Kohlenschuten gehörte zum alltäglichen Bild.

Nicht nur wegen des düsteren Wetters vermißt man auf diesem Bild die unbeschwerte Heiterkeit, die der Jungfernstieg auf dem vorigen Foto ausstrahlt. In langen Kriegsjahren verschmutzte oder beschädigte Fassaden und Baulücken prägen das Bild. Der Gebäudekomplex ganz links an der Kleinen Alster erfuhr eine völlige Neugestaltung.

Den Gebäuden an der Bergstraße sieht man die vergangenen Kriegsjahre deutlich an. Am Dachgeschoß des innen zerstörten Woolworth-Gebäudes prangen noch die Lettern des Werbeschriftzuges »Hamburger Tageblatt«, das war die nationalsozialistische Tageszeitung in Hamburg.

Oben: Am Ende des Ballindamms, Ecke Lombardsbrücke, stand direkt an der Alster dieses stattliche Gebäude, das nach dem Krieg das Amerikahaus beherbergte und dann dem Straßenverkehr weichen mußte.

Rechts: Dampfloks, Dreiradlieferwagen und Fahrräder sieht man auf der Lombardsbrücke heute kaum mehr. Dieses Bild täuscht allerdings auch über die wirkliche Verkehrsdichte, die schon Anfang der 50er Jahre den Bau einer zweiten Brücke neben der Lombardsbrücke nötig machte.

Hier nimmt die neue Straßenbrücke über die Alster Gestalt an, die zehn Jahre lang Neue Lombardsbrücke hieß, ehe man ihr nach der Ermordung des US-Präsidenten John F. Kennedy dessen Namen gab.

Die Eröffnung der neuen Straßenbrücke wurde mit Prominenz aus Bonn bei herrlichem Wetter angemessen gefeiert. Schon damals aber wurde deutlich, daß es eine Art Teufelskreis aus neuen Straßen und wachsendem Verkehr gibt: Das Wort Stau wird seither vorwiegend im Zusammenhang mit Straßenverkehr gebraucht.

Oben: Zwar bleiben auch Busse im Stau stecken, doch galten die Hamburger Schnellbuslinien allgemein als pünktliche Verkehrsverbindungen, auf denen wir uns einige Kilometer ostwärts fahren lassen wollen.

Rechts: Über den künstlerischen Wert dieser Portalbauten aus den 80er Jahren des vorigen Jahrhunderts kann man sicher negativer Meinung sein, und einem praktischen Zweck dienten diese »Burgen« schon gar nicht. Im Gegenteil, mit zunehmendem Straßenverkehr wurden sie immer mehr zu Verkehrshindernissen. Trotzdem waren viele Hamburger traurig, als man die Portale in den 50er Jahren einfach abriß, um Platz für neue Fahrbahnen zu schaffen.

Oben: Nach der Verbreiterung der Elbbrücke mußte auch die Billhorner Brückenstraße dem ständig steigenden Verkehrsaufkommen angepaßt werden. Bis zur Eröffnung des neuen Elbtunnels 1974 hatte dieser Straßenzug den gesamten Nord-Süd-Fernverkehr über die Elbe aufzunehmen.

Rechts: Marktbetrieb am Deichtor, der zentralen Anlieferstelle für Blumen und Gemüse aus den umliegenden Anbaugebieten.

Hermann Mackens
Hermann Sprick

Blick von der Deichtorstraße über die Wandrahmsbrücke auf die östliche Innenstadt. Die schon recht gelichtete Bebauung hinter dem Turm der Brücke wird bald zum größten Teil verschwunden sein, um der geplanten Ost-West-Straße Platz zu machen.

In entgegengesetzter Richtung geht hier der Blick über die Wandrahmsbrücke nach Osten. Der Straßenzug Dovenfleth wird von einem niedriger gelegenen Löschplatz begrenzt, der dem Umschlag aus Binnenschiffen und Schuten auf Lastwagen dient. Diese gesamte Straßenführung wurde inzwischen zu einer Verkehrsader begradigt, die vom unteren Bildrand in gerader Linie auf das rechts im Hintergrund sichtbare Geschäftshaus zuläuft und sich dort mit der Ost-West-Straße verbindet. Die im Bild sichtbaren Anlagen einschließlich der Wandrahmsbrücke fielen 1962 diesem Projekt zum Opfer, und auch die rechts vom Brückenturm stehenden Geschäftshäuser wurden dafür abgerissen.

Nur wenige Schritte vom letzten Fotostandpunkt entfernt führt die Jungfernbrücke auf die im Krieg bis auf die Umfassungsmauern zerstörte Katharinen-Kirche zu.

GRETE

Unter Schwierigkeiten und großen Kosten wurde St. Katharinen wiederhergestellt und erhielt schließlich sogar die edel geformte Turmhaube aus Kupfer zurück.

Schlosserei
Herm.E.Feld 32 33 45
PARAT

Links: Von der auf Seite 79 links im Hintergrund zwischen den Häusern erkennbaren Katharinenbrücke blickt man auf den Turm der Nikolai-Kirche, deren Kirchenschiff durch Bomben schwer beschädigt worden war. Weil die zerstörte Umgebung der Kirche künftig als reines Geschäftsviertel genutzt werden sollte, stand ein Wiederaufbau des Gotteshauses nicht zur Diskussion. Erst in der Gegenwart scheinen die jahrzehntealten Pläne, die Ruine zu einem Mahnmal für die Opfer des Krieges umzugestalten, in die Tat umgesetzt zu werden.

Oben: Dieses klassische Ensemble erhaltenswerter Baudenkmäler am Zollkanal Bei den Mühren hat leider die 60er Jahre nicht überstanden. Lediglich die Speicher an der Reimerstwiete, von denen wir einen hinter der Holzbude rechts vom LKW erkennen können, entgingen dem auch ihnen drohenden Abriß.

Oben: Die Front eines der Reimerstwieten-Speicher vor der Restaurierung.

Rechts: Neben den Krameramtswohnungen, dem Beyling-Stift, den Speichern an der Reimerstwiete und den Häusern am Bäckerbreitergang sind diese Häuser am Deichtorstraßenfleet die letzten Zeugnisse jener über Jahrhunderte typischen hamburgischen Bauweise. Die repräsentativen Straßenfronten dieser Häuser stehen an der Deichstraße. In den 70er Jahren konnten diese durch Verfall und Abriß bedrohten Zeugen der Vergangenheit von dem Verein »Rettet die Deichstraße« vor dem Untergang bewahrt werden.

Dieser interessante Blick vom Turm der Petrikirche reicht vom Rathaus über Neustadt und Michel bis nach Altona.

Noch einmal besteigen wir öffentliche Verkehrsmittel, um einige interessante Punkte außerhalb der Innenstadt zu besuchen. Von der U-Bahn-Station Hoheluftbrücke gelangt man auf die Hoheluftchaussee, von der dieser Blick auf die Grindelhochhäuser fällt. Viel mehr wird sich der heutige Betrachter wahrscheinlich für die Fahrzeuge interessieren, die im jetzigen Straßenverkehr nicht mehr vorkommen, wie der Opel Kapitän auf der – noch nicht markierten – linken Spur, der kleine Motorroller DKW Hobby, die von einem DKW gefolgte BMW Isetta oder der Gutbrod Superior, der aus dem Lehmweg in die Hoheluftchaussee einbiegen will.

Oben: Zu den Publikumsmagneten der 50er Jahre gehörte auch der Flughafen Fuhlsbüttel. Zu den meisten Maschinen gingen die Fluggäste noch zu Fuß, und auf der Galerie schaute man an schönen Tagen gern dem Flugbetrieb zu.

Links: Sogar ein zum Flugfeld hin offenes Restaurant gab es, das, wie man sieht, gut besucht ist.

Hamburgs Wasserfront, von der Kehrwiederspitze gesehen. Bis Ende der 80er Jahre änderte sich an dem häßlichen Erscheinungsbild dieses Teils der Stadt kaum etwas. Die Vorkriegsbebauung war fast vollständig durch Bomben zerstört worden, und nach dem Krieg räumte man zwar die Trümmer weg, zögerte aber mit einer neuen Bebauung, weil man das Gelände für die Zufahrtrampen eines hier geplanten Elbtunnels freihalten wollte. In den 80er Jahren nahmen dann die Pläne eines großen Verlagshauses Gestalt an, das die freien Flächen inzwischen auch bebaut hat. Seitdem soll es Hamburger geben, die dem hier dokumentierten früheren Zustand nachtrauern.

KOMPASSHAUS
C·PLATH
AEG
SCHIFFBAU

Ausgediente Deckshäuser abgewrackter Schiffe dienten als Baumaterial für diese Kneipe, die nach dem Krieg auf dem jetzigen Gruner & Jahr-Gelände jahrzehntelang guten Umsatz machte.

Die Vorsetzen Ende der 40er Jahre. Im Hintergrund die Trümmer der Kräne und Schuppen des Sandtor- und des Grasbrookhafens mit den Resten des zerbombten Kaispeichers A. Dessen gern fälschlich als Kehrwiederspitze bezeichneter Turm war das markanteste Wahrzeichen des Hamburger Hafens, bevor man ihn 1963 sprengte. Rechts vom Hochbahnviadukt die zerstörten Schuppen der Hamburg-Rhein Linie.

Die Umgebung des Elbtunnels Ende der 40er Jahre. Rechts hinter dem Tunnelgebäude die beiden Brückenbogen des alten Anlegers der berühmten Fähre VII, an der das Hotelschiff SEUTE DEERN festgemacht hat, dessen drei Masten zu erkennen sind; es ist übrigens dieselbe SEUTE DEERN, die heute als Flaggschiff der Museumsflotte in Bremerhaven liegt. Von einem weiteren Hotelschiff sind links hinter der Kuppel des Elbtunnels nur Heck, Schornstein und Masten zu erkennnen, dort liegt an den Altonaer Landungsbrücken die ST. LOUIS. Vor den Landungsbrücken gab es damals diesen riesigen überdachten Fahrradstand.

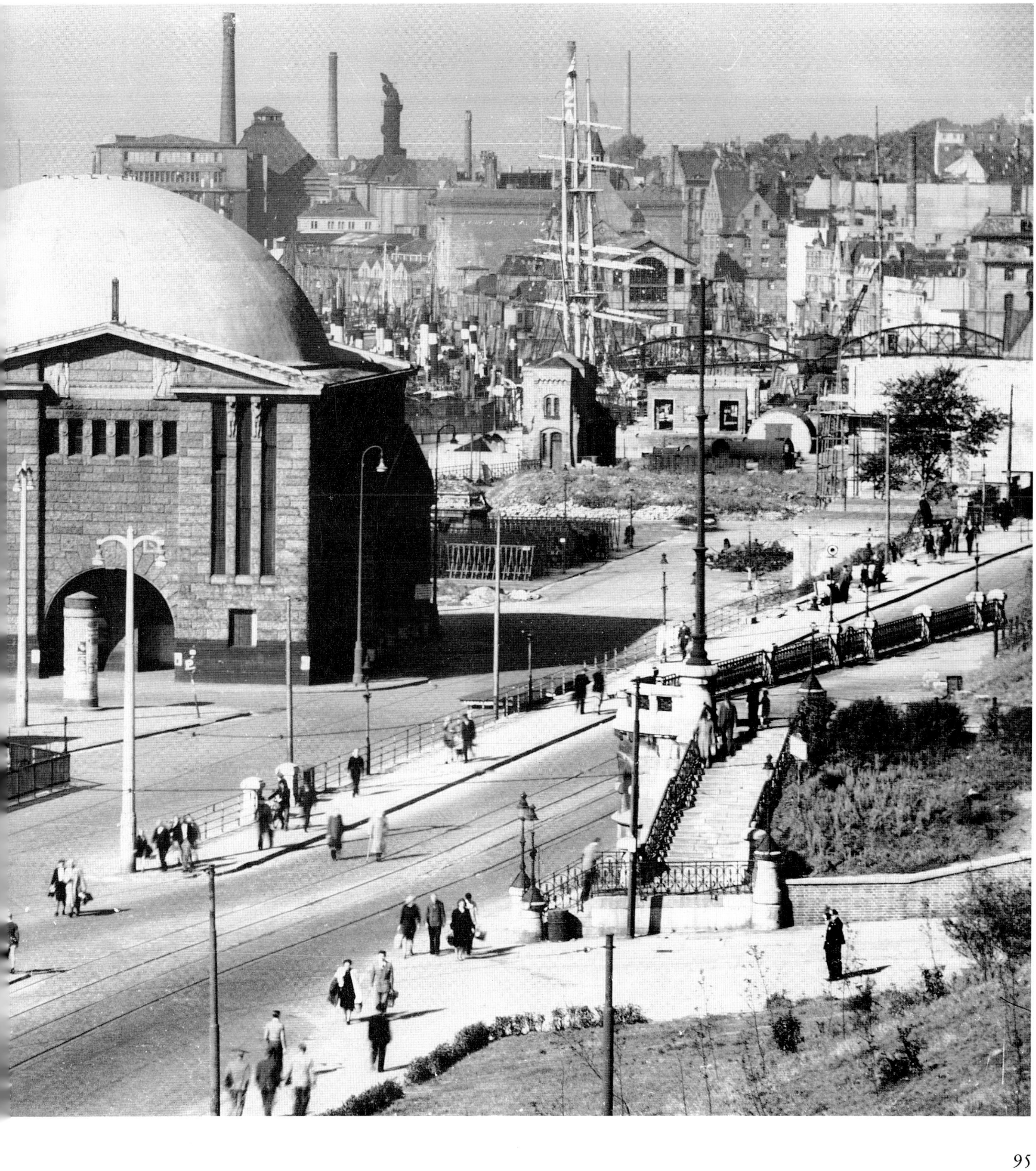

Auf dem Oberdeck der Landungsbrücken kann man essen, sich sonnen, vor sich hindösen oder den Schiffen zusehen. Auf der Stülckenwerft herrscht, wie im gesamten Hamburger Schiffbau, Vollbeschäftigung.

Vom Unterdeck des Anlegers schaut man noch auf richtige Dampfer mit langen Schloten, und mit HADAG-Schiffen kann man jeden Punkt im Hafen und an der Unterelbe erreichen.

Zum Beispiel das ehemalige Fischerdorf Blankenese, das hier an einem Rauhreiftag seinen ganzen kleinstädtisch-dörflichen Charme ausstrahlt.

RESTAURANT

KAFFEEHAUS
LAUSEN
BILL
LAUSEN
BILL
HOLST
TAB

Von den Landungsbrücken ist es nur ein kleiner Sprung nach St. Pauli und der Reeperbahn, die auch damals schon den Ruf der sündigsten Meile der Welt für sich in Anspruch nahm, aber noch viele gemütliche und fast familiäre Elemente aufwies.

Zum Beispiel im längst geschlossenen Hippodrom, der gelegentlich noch einmal im Hans-Albers-Film »Große Freiheit Nr. 7« auf den Mattscheiben der Fernseher lebendig wird.

Am Sonntagmorgen endet der St. Pauli-Bummel oft auf dem Fischmarkt, wo bekanntlich nur die wenigsten Verkaufsstände Fisch feilbieten. Krawatten, Trödel, Bananen – es gibt fast alles. Eine Tasse Filter-Kaffee – ohne das Attribut des gerade bundesweit eingeführten »Filter« ging es nicht – kostet 30 Pfennig.

F42

Frische Fische direkt von Fischers Fritze sein' Kutter – auch das war damals in Hamburg noch möglich.

Schiffe, Kräne und Werften – das gehörte in den 50er Jahren zur Kulisse der Wasserfront an den Landungsbrücken. Und vor dieser Kulisse lief tagein tagaus das ständig wechselnde, faszinierende Programm ›Welthafen‹. Der heutige Blick auf ein ödes jenseitiges Elbufer ist ein trister Abglanz jener Zeit.

STÜLCKENWERFT
ARNOLD

AL-MALIK SAUD AL-AWAL

Links: Ereignisse wie dieses finden im Hamburger Hafen schon seit Jahren nicht mehr statt. Auf der Howaldtswerft läuft 1954 der mit 46 500 Tonnen Tragfähigkeit damals größte Tanker der Welt vom Stapel.

Oben: HADAG-Dampfer im winterlichen Ruhequartier am Baumwall.

Von den St. Pauli-Landungsbrücken startet alle halbe Stunde ein HADAG-Dampfer zur Großen Hafenrundfahrt, die Hamburger und Quiddjes zum Greifen nahe an das Geschehen im Hafen heranführt.

Die östlichen Hafenbecken Ende der 40er Jahre. Im Südwest-Hafen herrscht reger Betrieb. Ein französischer Bananendampfer – es ist natürlich ein Motorschiff, aber damals sagte jeder Bananendampfer dazu – steuert am Kaispeicher A vorbei den Liegeplatz im Segelschiff-Hafen an.

Vorsetzen

Links: Hafenschlepper an den Vorsetzen. In den 60er Jahren baute man diese Schlepper einen nach dem anderen von Dampf- auf Motorantrieb um.

Oben: Solche Bilder kann der Hafen im Zeitalter der Containerschiffahrt nicht mehr bieten.

Am Ausrüstungskai der Howaldtswerke geht das Fracht- und Passagierschiff SANTA INÉS der Hamburg-Süd seiner Fertigstellung entgegen.

Über den Ellerholz-Hafen blickt man auf Schiffe aus Japan, Deutschland, Frankreich, England und den Niederlanden, dazwischen Schlepper, Schuten, Tankleichter, Jollenführer und Barkassen.

Das Passagier- und Frachtmotorschiff SCHWABENSTEIN des Norddeutschen Lloyd aus Bremen passiert auf der Fahrt nach Ostasien das Steilufer der Elbe und damit den westlichsten Punkt des Hamburger Stadtgebiets.

Die Elbe – damals wie heute Lebensader der Stadt.